ROBÔ DIVERTIDO

CONTE AS FIGURAS GEOMÉTRICAS QUE COMPÕEM O ROBÔ E ESCREVA A QUANTIDADE NO ESPAÇO CORRESPONDENTE.

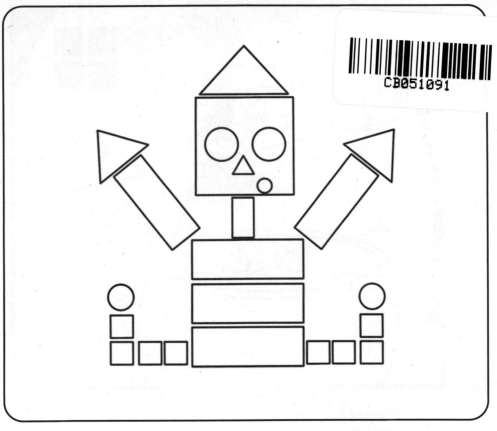

CÍRCULO

QUADRADO

_____

_____

TRIÂNGULO

RETÂNGULO

_____

_____

O CALDEIRÃO DA BRUXA

QUANTAS FIGURAS DE CADA HÁ NO DESENHO DA BRUXA? ESCREVA NOS QUADRADOS CORRESPONDENTES.

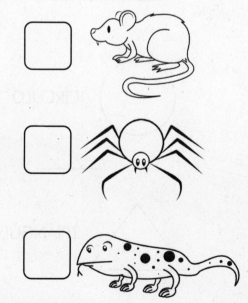

LINDA CASA

OBSERVE ESTA IMAGEM E RESPONDA ÀS QUESTÕES.

HÁ QUANTAS CASAS?

QUANTAS JANELAS A CASA TEM?

HÁ SOL? QUANTOS?

QUANTAS CRIANÇAS HÁ?

HÁ QUANTAS ÁRVORES?

QUANTOS PÁSSAROS HÁ?

FRUTAS VERDES E MADURAS

PINTE DE VERDE AS FRUTAS QUE ESTÃO NA ÁRVORE E DE LARANJA AS QUE CAÍRAM NO CHÃO E ESTÃO MADURAS.

AGORA, CONTE QUANTAS FRUTAS DE CADA COR HÁ NA CENA E COMPLETE O QUADRO ABAIXO.

FRUTAS VERDES ☐   FRUTAS MADURAS ☐

A JOANINHA

ESCREVA OS NÚMEROS DE 1 A 10 NAS PINTAS DA JOANINHA.

FAZENDO COMPRAS

CIRCULE AS CÉDULAS QUE VOCÊ VAI USAR PARA COMPRAR OS ITENS ABAIXO.

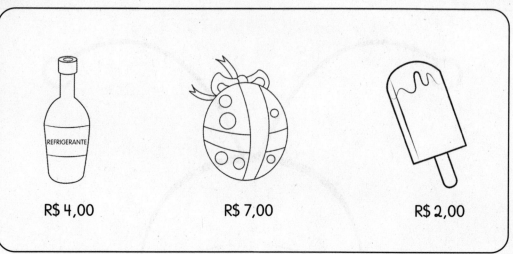

R$ 4,00   R$ 7,00   R$ 2,00

REFRIGERANTE

OVO DE PÁSCOA

PICOLÉ

ANIVERSÁRIO SURPRESA

OBSERVE A IMAGEM DO ANIVERSÁRIO DE BRUNO E RESPONDA ÀS QUESTÕES.

QUANTOS ANOS BRUNO FEZ? ☐

HÁ QUANTOS CHAPÉUS? ☐

QUANTOS BOLOS HÁ? ☐

HÁ ADULTOS? QUANTOS? ☐

QUANTAS CRIANÇAS HÁ? ☐

E QUANTOS PRESENTES? ☐

PALHAÇOS ANIMADOS

COMPLETE OS DESENHOS DOS PALHAÇOS DE MODO QUE CADA UM FIQUE COM 10 BALÕES.

ESCREVA A QUANTIDADE DE BALÕES QUE FALTA PARA COMPLETAR 10.

FALTAM ☐ BALÕES.   FALTAM ☐ BALÕES.

DIVERSÃO NA FESTA

VINÍCIUS FOI A UMA FESTA E BRINCOU DE TIRO AO ALVO. VEJA QUANTOS PONTOS ELE FEZ.

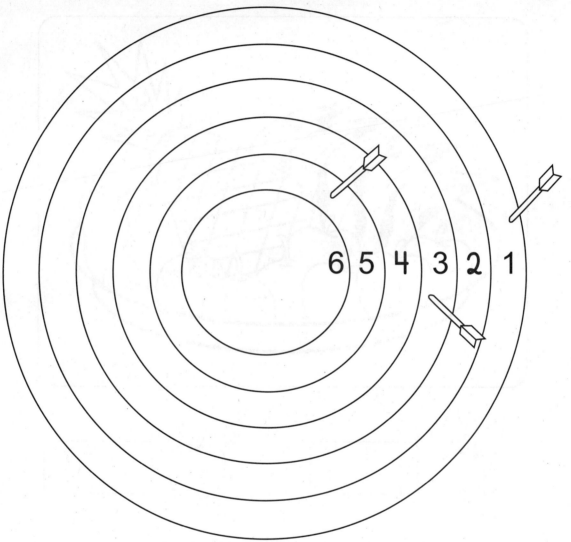

PINTE OS QUADRADOS ABAIXO DE ACORDO COM OS NÚMEROS QUE VINÍCIUS ACERTOU.

1 ☐   2 ☐   3 ☐   4 ☐   5 ☐   6 ☐

NO TOTAL ELE MARCOU ☐ PONTOS.

FRUTAS SUCULENTAS

CONTE E ESCREVA A QUANTIDADE QUE HÁ DE CADA FRUTA NOS ESPAÇOS CORRESPONDENTES.

O CAMINHO CORRETO

AJUDE JOÃO A CHEGAR EM CASA SEGUINDO O CAMINHO COM A ORDEM CORRETA DOS NÚMEROS.

ANA E PAULA

OBSERVE A LINHA DO TEMPO DE ANINHA E DE SUA IRMÃ PAULA E RESPONDA ÀS QUESTÕES.

2013 2014 2016 2015 2017 2018 2019

PAULA   ANINHA

QUEM É A MAIS VELHA? _____

QUANTOS ANOS DE DIFERENÇA EXISTE ENTRE AS IRMÃS? _____

O CÃOZINHO

O CÃOZINHO TEM 4 PATAS. QUANTAS PATAS TÊM 2 CACHORROS?

DOIS CACHORROS TÊM _____ PATAS.

PINTE SOMENTE OS ESPAÇOS COM PONTOS E DESCUBRA OS NÚMEROS QUE APARECEM DE 1 A 10.

ALMOÇO DIVERTIDO

EU, PAPAI, MAMÃE E MEU IRMÃO VAMOS ALMOÇAR. CHEGOU UM AMIGO DO PAPAI QUE TAMBÉM VAI ALMOÇAR. ARRUME A MESA PARA ESSE ALMOÇO.

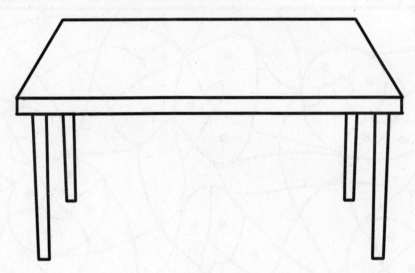

ESCREVA A QUANTIDADE DE CADA ITEM QUE VOCÊ VAI PRECISAR.

MÃOZINHAS ESPERTAS

ESCREVA OS NÚMEROS DE ACORDO COM A QUANTIDADE INDICADA PELOS DEDOS DAS MÃOS.

PATINHOS TRAVESSOS

CINCO PATINHOS SAÍRAM PARA NADAR. DOIS DELES VOLTARAM PARA CASA. QUANTOS PATINHOS FICARAM NO LAGO?

FICARAM NO LAGO _____ PATINHOS.

O ESTOJO DE ANDRÉ

NO ESTOJO DE ANDRÉ HÁ 3 LÁPIS PRETOS, 1 AZUL E 2 AMARELOS. QUANTOS LÁPIS HÁ NO TOTAL?

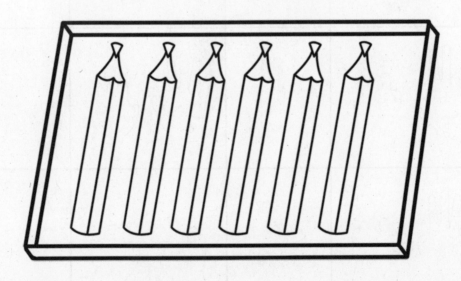

NO ESTOJO DE ANDRÉ HÁ _____ LÁPIS.